다시 쓰는 시

다시 쓰는 시 이든시인선 **145**

김경림 시집

이든북

시인의 말

손 놓았던 시를 다시 쓰는 건
모험이고
농사짓지 않은 청년이
밭갈이를 시작하는 것과 같다

하늘과 땅의 기운을 모아
새롭게 빚고 구워내는 일

습관처럼 써 온 것을 바꾸기란
하늘의 별을 세는 것처럼 고된 일

순리대로 살 수 없을까
가을로 가는 길목에서
서성이며 불러보는 그대
입김이 하얗게 묻어오네

| 차 례 |

시인의 말 | 5

제1부 내 안에 내가 다시 잠긴다

식탁 위에서 날아다니는 나비　13
대동에 대동천이 있다　14
KTX를 타고 딸에게로　16
산딸나무　17
들깨 수제비　18
저혈당 환자　20
낙엽처럼 바스러지고 있는 그 곳　22
겨울비처럼 내 안에 내가 다시 잠긴다　24
실내 불빛이 유리창에 반사되어 그림이 된다　26
차라리 눈이 될걸 그랬다　28
폭설 예보　30
대구탕을 먹으며　32
절망, 미래는 있다　34
한 칸 포차　36

제2부 틈새로 보는 세상

꿈꾸듯이 41

시작은 늘 어려워 42

하루에 한 번 44

비 그리고 맑음 46

해 질 무렵 포도가 익어가네 48

어쩌다 보니 50

빈방 52

국수나무에 가면 54

틈새로 보는 세상 56

아들의 미니 화장대 58

척하며 산다 60

가난한 사랑 61

달개비꽃 62

늦가을 64

날자, 새처럼 66

부끄러운 일 67

제3부 환승역입니다

터널 속 빛 71
보문산 오거리 72
다시 시작해도 괜찮아 74
가을 편지 76
오늘 너 순두부찌개 78
노화로 인한 우울증 80
푸른 수영장에서 82
환승역입니다 84
첫 추위에 정신이 들다 86
징검다리 88
이별은 사랑처럼 90
작아지는 하루 92
선물 같은 하루가 94
바람 불지 않는 날 96
가을이 오는 저녁에 97

제4부 되돌아가기

우산 없이 거리를 걷다 101
흐린 하늘 수수꽃다리 향기에 취하다 102
비 그리고 맑음 104
빨랫줄에 이름을 널어놓았다 106
의자에 앉아 107
꽃 한 송이와 노교수님 108
살얼음 꽃 110
집에 오는 길 112
시절 인연 114
천천히 살아가자 116
입구 말고 출구 118
되돌아가기 120
한여름 풍경 122

제1부
내 안에 내가 다시 잠긴다

식탁 위에서 날아다니는 나비

매미 울음소리가 정겨운 때
노랑나비가 창문 틈으로 들어와 한바탕 춤을 추네

조립식 식탁에 앉아 밥을 먹고
혼자서도 일어설 수 있는
작은 행복

기다려 준 덕에 스스로 사회생활을 하는 아이는
엄마 힘이 되어주네

제몫 하고 구김살 없이 살아내 주길
기도하던 날을 기억하네

간절함은 맑은 하늘만큼 순결해
아이 업고 기도하던 골방을 떠올리며
오늘 희망에 부풀어 보네

대동에 대동천이 있다

징검다리 건너 대동천을 건넌다
아파트가 들어서고 길이 좁아졌지만
새들이 놀다 가는 곳

풀들이 파도치는 모습처럼
자유롭고 조화롭게 자라고 있다

길 위 돌담길 발 닿는 천변에
자유롭게 피어나는 야생화
망초꽃 나팔꽃 제비꽃
질서 있게 풀 향기 품고 있다

계산하는 건 사람뿐

90년대 80년대 영화 찍기에 좋은
골목 사이 낮은 집들
골목 하나하나에 남아 있는 원주민들

그들이 있어 동네가 더욱 빛나는
대동은 대동천이 있고
대동다리 대동지하차도 대동역이 있다

KTX를 타고 딸에게로

독립하여 살겠다고
집을 떠난 지 여러 해
청년 임대아파트 입성
기특하고 대견해

이사 후 처음 초대한 아산아파트
당근마켓에서 알뜰하게 살림 장만
깔끔하고 소박하게 출발

가끔은 자신 먼저 생각하는 것이
도움이 될 수 있어

봄바람이 분홍빛으로 불어오고
꽃망울이 터지기 시작하네

특실 열차에서 편안하게
천안 아산을 향해 달리니
봄바람 출렁이네

산딸나무

넉 장의 꽃잎이
십자가를 닮은 나무여

귀한 모습으로 자라
빨강 열매 맺은
아름다운 자태여

십자가를 산딸나무로 만들어
예수님께 선물할까

성스럽고 거룩하다
어디서나 볼 수 있는 그대는

선택받은 그대
어여쁜 나무여

들깨 수제비

판암동 들깨 수제비 먹으며 생각에 잠겨보네
깍두기 맛있게 먹는 모습 흐뭇해

수제비 반죽 뚝뚝 떼서
김치 송송 썰어 끓이면
걸쭉한 수제비가 맛있게 익어간다

바람 부나 눈이 오나
찾아온 친구들까지
한 상에 둘러앉아
땀 흘리며 맛있게 먹었는데

시절이 흘러
밥걱정 없이 살아도
추억의 맛은 잊기 어려워

들깻가루 곱게 갈아
정성껏 담아낸 한 그릇

혼자 먹어도 한 상

둘이 먹어도 한 상

사진을 한 장 찍어두고 한 그릇 비워내니
혼자라는 마음이 사라지네

영순이 천두 희숙 미라 수영 경희 명옥
친구들 이름 불러보네

저혈당 환자

저혈당이 무섭네
혀가 말리고 식은땀이 흐르며 심장 뛰는 소리
가만히 있어도 크게 들려

어지럽고 몸이 기울어지고
눈도 흐릿하니
꼭 빈혈 같아

포도당 링거를 맞고
불고기 꼬마김밥도 먹었는데 소화가 안 돼

포도가 있어
포도를 먹고 엎드려 있지

누워야 하는데
뭘 뒤적인다고 엎드려 있는지

쇼크로 죽을 수도 있다는데
밤에 외출은

낯설고 무섭네
허리통증으로 주사를 맞으러 가는 길
식은땀으로 온 몸이 뒤범벅

음료수로 당을 채우고
집에 들어가는데
머리는 빈 것 같고 팔은 저리며 힘이 없네

예약일은 남았는데
약을 잠시 끊어야 할지 고민투성이 머릿속

밤이 외롭고, 아득하고
두려운 존재가 되었네

낙엽처럼 바스러지고 있는 그 곳

햇살 한 줌 없는 자궁에서
달팽이 같은 눈물이 차오르네요

싱싱한 나뭇잎 되어
씩씩하게 걸어갈 수 있던 그 곳에
쭈뼛쭈뼛 걸어 들어가

길고 긴 터널 속
살아온 만큼의 슬픔이 있어요

딱딱한 의사 말씀
암 검사는 일주일 후에 나오고
소변은 비뇨기과와 상의하세요

용기 내 들어선 산부인과
퉁명한 목소리가 반사되어
나의 하늘이 또 흐려지고

부끄러운 곳을 아는 사람이
부끄러움 없이 여자의 길을 살다가

내리막길에서 위축된 발길이
보랏빛 향기 뿜으며 겨울이 오고 있어

다시 오르막길은 없음
가다 보면 요령이 생기지
고운 낙엽의 길을 따라가며
일주일을 기다리네

아름진 나무마다
큰 품 품고 서 있는 길

겨울비처럼 내 안에 내가 다시 잠긴다

어제부터 내린 비는 쉼 없이 흔들리며
내려오네요

갑자기 열어 두었던
창문 생각에 발길을 돌리는데
막아서는 겨울비

우산 쓰고 몰려다니며
웃고 울고 했던
시간은 중복되어 겹쳐버리네요

낭만을 위하여
사랑하는 빗줄기를 헤며
말라가는 어머니의 가슴을
안아 보네요

무에 바람들 듯
엉성한 어머니

비만 오면 허리 무릎쑤신다고 누워계실 때
다리를 주물러 드릴뿐,
옆구리 움켜쥐고 일을 하신 모습이 선해요

언제 철이 들어 마음 읽어 드릴 수 있을지

실내 불빛이 유리창에 반사되어 그림이 된다

하얀 불빛이 나란히 서 있는
병원 앞 복도

우체국이 보이고
길 건너 약국 편의점
병원으로 들어찬 건물 안
내가 갈 곳은 없다

십이월 셋째 토요일
건강을 위한 병원 검사는 통과의례처럼 딸려 오고
두통 어지러움이 멈추길 기다린다

모든 것이 내려앉았다
하늘 빌딩 나무

내리면서 녹는 눈은
진눈깨비 되어 매섭게 쏟아진다

함박눈이 내리길 바라는데

오다 말다 반복하는 눈
홀로 풍요를 즐긴다

언어의 마술사여
살아 있는 시 한줄 쓰고 싶다

차라리 눈이 될걸 그랬다

당신의 눈이 되어
세상을 보면

똑바로 볼 수 있을까
보일러 조절도 능숙하고
약속도 잘 지키고

거울처럼 웃고 살 수 있을까?
살아본 적 없는 것
대신 바라보는 세상을

은빛으로 가득하고
열심히 살고
사랑은 주고
고맙게 사진 찍듯이 선명히 박혀있는 것

당신은 언제 무엇을 보며 눈물짓고
감동하는지
가슴 아파서 눈감아버린 적 많은지

누구의 눈으로 살든
마음 정리가 안 되면
망망 바다에 혼자 남는 것

쓸쓸한 겨울
당신 눈 속에서 잠시 머물러 행복했네

폭설 예보

교통혼잡이 예상되는 강원도
충청지방에 대설주의보

함박눈이 펑펑 쏟아지는 겨울밤
기대는 멀어져 가는데

눈이 내려서 좋을 것 없다는 사람은
꽁꽁 언 도로 걱정이 커서 잠들지 못한다

함박눈이 지붕 위에 내리길 원하는 사람은
추억으로 저장하네

영하 17도가 넘어도
겨울은 추워야 하고
한 번쯤 펑펑 함박눈이 내려야 겨울

버스가 다닐 수 없는 언덕길
걸어 다닐 수 있을까
걱정이 함께 밀려온다

하늘이 보이지 않도록
쏟아지는 눈 속에는 사연들이 다 박혀있다

겨울에 함박눈 보니
태어날 때도 눈이 내렸다니
운명처럼 느껴진다는 사람

헤어질 때 여름 같은 겨울인데
매운 겨울에 볼 수 있어 행복했다는 사람

그리운 사람 중 제일 만나고 싶은 어머니 아버지
내게 털신 신고 오세요
길 미끄럽고 발 시려요

대구탕을 먹으며

오류동 먹자골목에서
대구탕 기다리며 내리는 눈을 보았다

흩어지며 내리는
한파 소식
폭설이 쏟아진다

바다에서 헤엄치는
대구가 시원하게 꼬리를 흔들며
목을 타고 숨어버리지만
경계선에서 낚이고 만다

살점 하나가 떨어지는 거 같다
겨울눈처럼
입에 들어간 것은
한 마리 대구가 아니라
한파가 급하게 숨어든 것

해랑 멋진 이름이

정오가 되면
사람들을 불러 모은다

내리던 눈이 멈추고
한겨울 땀을 흘리며
창밖을 보고 있다

대구, 내 너에게 은혜를 입었구나

절망, 미래는 있다

만해 한용운의 시를 읽고
김소월의 시집을 읽으면서
한글이 가슴속에서부터 피어나고 꽃비가 내리고 있다

산다고 해서 다 똑같지 않은 삶이지만
성북동 하늘길에 사는 사람들은
온전히 조국을 위해 살았을 것 같다

애국가 노래가 나면 뭉클하고
태극기 바라보면서 벅찬 가슴에 하늘을 본다

성북동에는 비둘기가 날고
백석은 자야에게 편지를 보냈다지

이상과 백석의 뮤즈
길상사 무소유를 위해
스님에게 맡겨지고 홀가분하게 떠난 여인

절망 속에서 희망을 지키는 것

변절보다 힘들다

성북동 이야기를
눈이 푹푹 빠지는 날 가보고 싶다
만나고 싶은 영혼이 날고 있을 게다

우리말을 지켜온 시인이며 소설가 들이여
치열한 몸부림으로 살다 간 귀한 이들이여

한 칸 포차

눈 쌓인 좁은 골목길 빠져 나와
벽에 기대어
닭발 닭똥집 국수 어묵 꼬마김밥 팔아요

하늘은 어두워지고
반쯤 꺼진 네온사인 빛과 가로등이 희미한
골목에서 마네킹처럼
여자들이 분칠하고 앉아있는
하늘 아래 가장 슬픈 동네 한 칸 포차

매일 아침부터 장 보고 손질하며 퉁퉁 부은 다리 노부부
추위와 통증을 소주 한 잔으로 견디며
어묵 국물을 뒤집네

함박눈이 펑펑 쏟아지는 겨울밤
손님은 끊기고 연탄불에 손을 덥히는 새벽 한 시

눈 쌓인 리어카 옆에서
추위에 떠는 작은 새처럼

한 칸 포차 주변을 뱅뱅 돌며 떠날 줄 모르네

병든 참새 앓는 소리 같은 저 부부는 누구일까

제2부
틈새로 보는 세상

꿈꾸듯이

맑은 유월의 정오
버스가 문창시장을 지나
문창교를 달린다

꿈꾸듯이 시간이 흘러
나는 아름답지 못한
잡목으로 있다

곱게 다듬어 잘 자랐으면
누가 탐냈을 나의 나무
홀로 서서 지난 젊음을 펼쳐본다

시작은 늘 어려워

할 말이 있어
다시 친구 하고 싶어

어렵게 꺼낸 말

알아듣지 못하고 고개만
끄덕이네

미안했어
혼자 두는 것이 아닌데
떠나서 미안해

웃기만 하는 그녀

변한 것 중
유일하게 기억하는 얼굴

됐어! 됐는데
이상해 기쁘지 않아

세월의 흔적이 많이 변하고
적당히 떨어져 있어

행복할 거야!
행복하냐고?

다시 옆에 있으면
외롭지 않아?

하루에 한 번

삶의 통점이 압축되어
마음에 콕콕 박혀오네요

짧은 시간
짧은 시
긴 시간 긴 시

누가 옳다 말할 수 없지요
함께하는 시간
마음이 움직이면
하루에 한 번
읽어도 좋을 것 같아요

소리내어 읽지 않아
반벙어리가 되어 살았어요
목소리를 듣지 못하고
눈으로만 읽어본 시를
아쉬워해요

그대 목소리의 색
그대 시의 결

아무도 돌아보지 않아도
소리내어 보세요
음률이 살아나고
시의 쉼표가 저절로 생겨
숨을 쉬게 해요

하루에 한 번
하늘과 숲을 보면서
부끄럽다 말고 소리를 내요

비 그리고 맑음

칠월의 장마를 뒤로하고
맑게 갠 하늘 보며
산 자와 죽은 자를 생각하네

감히 꺼내기 힘든 말
감사합니다
부끄럽게 말하면서
젖은 옷을 갈아입는 젊은이

살아남은 것이 미안한 게 아닌데
급박했던 상황을 원망하듯
자꾸 고개 숙이고 눈물을 흘리네

다릿심도 풀리고
흙탕물이 목을 조여올 때
구름이 둥둥 떠다니며
젊은이의 눈물 담아가네

TV에서는 산이 무너지고
뚝이 터지고 지하차도가 물에 잠기는데
물가 걱정하는 사람도 있네

햇빛이 쨍쨍한데
먹구름 걷히고
쌍무지개 내려다보며
위로할 말이 없다고 하네

해 질 무렵 포도가 익어가네

낭월동에 캠벨 포도가 영글고 있네

겨우내 포도나무 줄기를 묻어주고
봄에 허리 펴 단물 주고 나면
배반하지 않는 까만 포도알
주렁주렁 낭월동 포도 과수원

아파트에 땅을 내주고
얼마 남지 않은 과수원에
전지를 하고 종이를 씌워주네
당도 높은 까만 눈동자
아름다운 포도송이가 영글면
자랑스러운 농부 마음

해가 지는 저녁 무렵
오토바이 타고 돌산 포도밭으로 가면
한 송이 포도를 먹어도 배가 부르고
산내 대전천이 흐르는 조용한 마을

복지관 아파트 동사무소 파출소 소방서 공장 마트 식당들
태양 닮아가는 포도송이가
사랑스러운 동네

어쩌다 보니

눈부시도록 햇살이 내게 오는데 눈이 떠지지 않아
눈부시고 눈이 아파서 똑바로 볼 수가 없어

어제 억수 같은 비가 논밭을 휩쓸고 갔어
오두막에 앉아 작물을 보며 간절히 기도했지
물이 잠기지 않고 수확하게 해달라고

아침에 밖에 나갔을 때
물이 빠지고 벼와 허수아비가 의젓하게 서 있어

감사 기도가 절로 나오고
이웃 벼농사도 둘러보며 안심을 했어

시련은 지나가고 이슬비가 내리고 있었지만
밝은 해가 쨍쨍 찔 거라 믿었지

눈은 피곤하지만, 무엇이라도 하고 싶어
햇빛 알레르기로 얼굴 목이 빨개져도 괜찮아

햇빛이 웃는 모습을 보니
씻은 듯이 얼굴 달아오름이 가시는 거 같아
열심히 일하고 정직하게 살자고 했지
쉬운 일이 아니야
안녕 장마여

빈방

삼 년째 방이 비어 있다
공부하며 아르바이트하는 아이는
자기 방을 고집하면서도 오지 않았다

가끔 이불도 빨고 청소하며 환기를 열심히 시키고 있다
아이가 두고 간 향기를 그대로 둔 채
합격하여 당당하게 오기를 고대하며 방을 열어 본다

처음 방을 갖게 되어 기뻐하던 모습이 선하다
화장실 앞이라 시끄러울 텐데 웃으며
긴 머리를 말리던 모습이 생각나서 그립다

먼지 쌓이지 않게
시원하고 맑은 공기를 위해
창문 여닫기를 반복하는 동안에도
혼자 눈물 흘리며 그리워하다 잠들곤 했지

빈방은 풍성한 꿈으로 채워지고
한여름 폭염에 더위 먹지 않게 찬물을 책상에 놓아본다

겨울 함박눈이 소리 없이 내리면
창가에 어른거리는 그림자로 누군지 알 수 있겠지

계절이 한 페이지씩 넘어가고 힘든 싸움에서 이긴 사람이
손을 벌리고 안기는 꿈을 꾼 오늘도
방은 여전히 비어 있다

국수나무에 가면

결마다 다른 행복이 주렁주렁 걸려있다

소중한 가치를 한끼에 더하고
반짝이는 국수나무가 빛나게 웃고 있는 십일월 말

보기만 해도 맛있는
선물이 내 앞에 차려지고
감기 든 사람 허리 시린 사람
웃풍에 밤새 시달린 사람
뜨거운 국물과 양질의 식사를 기다리고 있다

일년에 몇 번 안 하는 이벤트
시 한 줄 못 건지고
운 좋게 들어온 식당에서
오늘의 국수 나무를 기다리고 있다

정오가 지났지만
뱃속 허기는 멈출 줄 모른다

권사님 따라 국수를 먹던 지난 여름
낯선 기억들이 일몰처럼 스며들지만
조용히 앉아 오늘은 왕돈가스를 먹는다

큰 돈가스를 보며
고래 생각을 한다
고래는 고향에 잘 있고 새끼를 주파수로 쉽게 찾고
큰 돈 까스 앞에서 사람의 한계를 느낀다

바닷바람의 짠내가
왜 돈가스에서 나고 새우는 어쩌자고
함께 튀겨 나왔는지

흰 쌀밥에 땀 흘리며
돈가스를 먹는다
대왕 돈가스
짠내 나는 것이 바닷가에 온 것 같아

틈새로 보는 세상

천일이 지나도
소나무 무성하게 제 몫을 하고
하룻밤 사이 꽃들이
거리를 밝혀주는 오류동

창문 사이로
만개한 벚꽃이
수줍게 피지 못한 목련을
애처롭게 보고 있네

끝과 끝에 살면서
지나가다 들어오는 풍경
개나리는 철조망에 가려져
아기 손가락 같은
손을 쥐었다 폈다 하네

하늘과 땅
나무와 나무
깨진 벽돌과 꽃나무 사이

이어지고 싶은 이야기가 있겠지

빈집에 앉아 텔레비전을 보며
고구마를 먹네
북적이던 시간이 지나고
적막만이 남지만
틈 사이로 나는 모두 볼 수 있어

집 떠나 취직하러 간 아들 소식
남쪽 바람 햇빛 공단의 냄새
기숙사 낡은 건물 삭막한 풍경을
느껴고 상상하네

신발을 잘 신기 위해 발을 꼼지락거리고
가방 메고 핸드폰 챙기라고 써놓은 글자를 보며
나는 정신을 똑바로 잡네

아들의 미니 화장대

하얀 미니 화장대를 아들이 보내주었어

갖고 싶은 거울에 서랍이 있어
새로 산 립스틱을 넣을 수 있고
샘플도 많이 생겼어

못 봤던 얼굴 기미도 자세히 보고
눈썹을 그릴 수 있고 입술도 예쁘게 그리고 싶네
왼쪽 서랍에 든 약도 챙겨 먹으니
아들 생각에 눈시울이 젖네

혼수 없이 생활해서
중고 냉장고 세탁기 사용했는데

방안도 환해지고
내 모습이 정갈하며
누추하지 않아

사랑스러운 거울아
여름에 수박처럼 영글어 내게 왔으니
가을에는 거울아, 거울아
나에게도 고운 물이 들겠구나

거봉포도 두어 송이 고운 쟁반에 담아 놓고
너와 마주 앉아 보네

척하며 산다

별똥별 떨어지고
여름 뙤약볕 아래 숨 고르며 잘 살아 왔어

주검도 셀 수 없이 털어내고
그리움도 장맛비보다 더
많이 떠나 보냈지

눈물 마르고
감정이 메말라 풀이 자라지 않겠지만
자주 끌려 나오는 이름이 있다

묘비에서 쏟아낸 오열
그만 하고 싶어

축복일지 몰라
원망은 천둥처럼 번개 치고
다잡고 살려면 시간이 필요해

모자란 거 많아도
평안하게 살기를 원해
순간순간 축복이다

가난한 사랑

물 그릇에 담겨 있는 샘물
놀다 목마르면 조롱박에 담아 줄게

하늘과 나무에서 지저귀는 참새야
귀한 몸 아니어도
스스로 귀하게 살아남아라

산새는 산에 울고
들새는 들에 운다지만
너는 어디에서 지저귀고 있니
들을 수 있게 휘파람을 불어봐
숲이 우거져 안 보여도 목소리 따라가려니
나뭇가지 앉은 참새야 날아오르렴

내가 사는 낭월동
매일 와주니 설레고 기쁘다
사랑 주고 싶을 때 하늘 높이 비상해

달개비꽃

들풀 사이 닭장 옆에 핀
어여쁜 달개비야
아담한 모습을 지나칠 뻔했어

조심조심 다니세요
밟지 않게
흔하다 눈 돌리지 말고
외로운 자주색 달개비꽃을 보세요

무슨 말을 하는지
어떤 생각으로 발길을 붙잡았는지
사랑스럽고 눈치가 있어
다 알아 들어요

들꽃을 보면 스쳐가지 마시고
눈 한번 맞춰서 사랑한다 고백하면
향기롭게 살아나요

외로우세요?
친구 같은 달개비꽃을 알아주세요
당신에겐 특별한 달개비꽃이 되네요

늦가을

땀 흘리며 버스에서
핸드폰을 갖고 춤을 춘다

흔들리는 버스는 곡예사 같다

목적지까지 비포장도로처럼
낡은 버스가 서대전에서 낭월동까지 신나게 달리는 정오

유치원 아이들은 하교하고
꽃들이 노랗게 피고
단풍들기 시작하는 교정에
아이들이 공을 찬다.

아름다운 날이다

땀 흘리고 일하는 노동
환절기 독감이 유행인 오늘
슬기로운 동네에 등 비비고 산다

창문을 여니 갈바람이 시원하고
대전천에는 산책하는 사람으로 붐빈다

대형 마트가 2개 있고 은행 병원 있지만
도시의 향수가 그리워
밖으로 나오길 반복

쉴 곳이 있는 곳 낭월동
서점에 오래 머문다.

날자, 새처럼

새가 머리 위로 낮게 날아
우산으로 방어 자세를 취하고 낮은 자세로 피했어

새를 무서워하면서 조심스레
혹 다친 새가 아닐까
시내 한복판에서 낮게 비행하는 새는 오래 기억되었지

천적인 독수리 포수도 없는 거리
머리 위로 덮칠 듯 지나간 건 순간의 공포이기도 했지

비둘기도 아닌 새를 가까이서 본 건 처음
날아다니는 것은 모두 동경했는데

새소리를 좋아하고 높이 멀리 비상하는 것들 부러워했어

부끄러운 일

흔한 일이지만
자기 몫을 하며 살라 하는데
모난 돌이 되어 민폐만 끼치네

당신은 잘 살라고 했는데
당신이 사 놓고 간 한벌의 옷과
땅에 떨어진 한 평의 방은
지금 나에게서 멀어지지 않아 맴돌고 있네

죄송합니다
처음부터 기대지 않고 살기란
너무 고통이었고

아직도 당신의 손길을 잊지 못해
둥근 돌이 되기 위해 노력하며 살고 있어요

부끄러워요.
당신의 사진 앞에서

제3부
환승역입니다

터널 속 빛

더 이상 안 돼
신용대출도 직장인 대출도

상속 없이 살아가는 일이 벅차
무릎에 슬픔이 가득 차오르네

비교하고 싶지 않은 옆집 사내는
아파트 두 채를 설명하며
활짝 핀 얼굴로 밥을 사네

90프로 대출 앞에서 기쁨을 느꼈지만
쌓인 것은 대출 빚

은행 대출은 풍족했으나
퇴사하면 그날로 독촉장이 날아오네

사십 대 젊은 나이에 내동댕이친
화려한 이력과 경험 사라지고
억울함이 거미줄처럼 목에 엉겨붙네

보문산 오거리

퇴미 고개 지나
보문 오거리에 오면
아름다운 보문산을 만난다

아장아장 걷는 아기는
쉴 새 없이 푸르름에 젖고

약수터에서 물 마시고
야외 음악당도 둘러보고
박용래 시인의 시비 앞에서 고개를 숙였다

말문이 트이지 않았지만
비석이 신기한 듯 만져보고
뛰어다니다 돌아오고

땀 흘려 걸으면서도
업어달라 떼쓰지 않던 아가는
시인이 됐네

사랑스러운 아가는
이제 어른

나는 보문산 정상을 바라보다
단골 식당에서 보리밥을 먹는다

보문산에 걸린
지난 시간은 아직도 푸릇푸릇하다

다시 시작해도 괜찮아

보름달 아름답게 떠오르면
엽서에 달을 그리고

가을비가 내리면
바람에 날려 헝클어진 모습도 괜찮아
풍경이 더 좋은 저수지 앞 카페

은행잎이 떨어지고
국화 향이 진동하면 향수에 젖어

풍성한 열매 수확한 날
감나무가지 뚝 떨어졌어
어쩌지

함께 하고 싶은 많은 일
한순간 사라져도

불타는 단풍은 남아 있고
붙잡고 싶으면 되돌릴 수 있어

깨달을 수 있는 시간에
108배도 괜찮아

가을이 싸늘해도 설렘은 온기를 주고 방향을 제시해

실수, 다시 시작해도
괜찮아
괜찮아

가을 편지

사랑하는 딸
벌써 시월이 오고 있어
계절이 바뀌니 몸이 더 아픈 거 같아
그래도 사랑하는 딸을 생각할 수 있어 좋아

엄마도 공부 해볼께
집중은 불안과 겹쳐서 날아다니는 별 같아
처음으로 한 약속을
낮이나 밤이나 꿈속에서도 써보도록 할게

다른 시를 쓰려니 고통스럽기도 하고 꼼꼼한 묘사의 힘도 길러서 물 흐르듯 알맹이가 있고 감동이 있는 글을 써야겠지

스케치를 열심히 하고 있어 나와 주변 책 모두 소중해 여행을 다니지 못했지만, 더 새롭게 보려는 은유적 표현으로 쓸 수 있기를 원해

성숙해지는 과정이 오래 걸릴 수도 있고 한두 편 좋은 글이 나오면 좋겠어

시집 한 권에서 즐겨 읽고 낭송하고 써보는 시가 있다면
별 같은 눈물이 흐르겠네

시가 예전처럼 써지지 않지만,
시집 한 권을 낼 수 있을 거야

자만하지 않고 내면의 힘을 키워 스스로 완성하기로 했어

밤이 시원하고 상쾌해
많이 사랑해 딸

오늘 너 순두부찌개

금방 끓인 순두부찌개
파 송송 팽이버섯에 향이
그윽하네

금방 만든 순두부 찰지고 말랑거려
침 삼키게 하네

반찬 없어도 흰밥에 뜨끈한 찌개로
감기 나을 것 같아

고생한 코감기가 뚝 떨어지고
가볍게 식사하며
양파와 새우 냄새가 향기로운 춤을 추네

맛있게 먹으며 천천히 음미할 수 있겠네

무한으로 음식이 많아도
오늘 너 택했으니
맘껏 먹고 훌쩍이지 말자

바람이 불고 시간은 많은데
밥 먹고 나면
어지러움도 사라지고
여유가 생기겠지

노화로 인한 우울증

자다 일어나면
멍해지고 생각이 안 난다

슬픈 일도 기쁜 일도 없다
점심을 복지관에서 도시락을 보내주면 한 끼 먹고 잊어버린다

꽃이 피고 낙엽이 길바닥에 뒹굴지만
창문 열고 바라보며
바람이 차다
노화는 감정을 빼앗고 희로애락을 덤덤하게 한다

심심한 하루가 지나가고
병원에 가면 심장이 붓고
동맥경화. 검사를 하라고 보호자에게 전화로 알려주는 의사
어쩔 수 없다

고장 나는 것은 당연한 듯하고
친구들은 먼저 멀리 길 떠났다

살아서 가끔
뻥튀기 소리에 놀라 몸이 부푼다

미친 듯 불던 바람이 잠잠할 때 노화의 시계가 멈춘다

강아지 한 마리 꼬리치며 지나간다
손을 흔들어 준다

의욕이 살아나고 있는 걸까
창문을 열어 놓는다

푸른 수영장에서

항상 문이 굳게 닫혀 있는 병동이 있다
인터폰으로 연락하고 일주일에 한 번 문이 열려야 면회 시간이다

아이들이 좋아하는 음식 장난감 책을 들고 한 시간 정도 만날 수 있다
참 애틋하다

울면서 매달리는 아이를 달래도 속아주질 않는다
마음은 늘 아프다

학교 부적응
폭력 부모 때리는 아이 거식증 폭식증 자해 등 집에서 감당이 안 되는 아이들이 심리치료와 약물치료를 받는 수영장

곰돌이 환자복을 입은 아이들은 사랑스럽다
장난도 하고 간식도 잘 먹고 일주일 지나면 전화 면회도 할 수 있다.

고비는 늘 있다
하루를 못 참고 간호사 선생님 때리고 전화해 달라고 울고불고하는 아이

얼마나 무서울까 모르는 곳에 갇혀 나갈 수도 없고 전화 면회도 기다려야 한다
열 살 혹은 아홉 살 가장 불안하고 무서운 상황

깊은 잠에서 깨면 따듯한 집이길 간절히 바라거나
더 엇나갈지도 모른다

정답은 없다

환승역입니다

함박눈이 눈부시게 희다
눈 속으로 빠져들 것 같은 아침
기차를 타고 갈아타는 길목에 망설이는 몇 초

순간 흘러간 기억 뿌리가 송두리째 뽑혀 아프다

무심한 것은 시간
미안해하는 사람이 없다.

환승하는 순간
과거와 미래를 바라보지 못한다

억세지는 사람들을 보면 마음이 아프다
큰소리로 흉을 보고 거친 목소리로 점심 먹으러 간다

풀리지 않는 의문
사람들 말 속엔 왜 가시가 돋아날까

버스가 조용해졌다
환승은 좋은 것

우아한 여인이 입장한다

그 여자와 나
불통이 계속된다.

첫 추위에 정신이 들다

수능 때만 되면 추워졌어요
십이월에서 십일월로 날짜를 옮겨도
소용없네요

추위에 떨며 교문 앞에서
종일 발 동동 구르며
해넘이를 보면서 언 손으로 아이들 나오기를 기다렸어요
추억처럼 지나간 시간
학교 앞에서 떨고 있다고 좋은 부모 되는 게 아닐텐데

첫 추위는
살속을 파고드는 바람 때문에 이길 수 없다 생각했어요
옷을 입어도 몸은 춥고
옷의 무게는 무겁네요

나이 들면 옷 무게에 짓눌린다는 말이 이해가 가네요

나비처럼 가볍고 따듯한
옷이 필요해

피부가 건조해서 로션을 발라도 금세 피어나는 각질
아기 피부처럼 보들보들한 모습 사라지고 주름이 지네

추우면 정신이 맑아질까요
일에 순서가 분명해지고
어떻게 살지 저절로 알게 될까요

춥다 말하고 강해진다 쓰네요

징검다리

바늘과 실처럼
가난한 아침을 엮어
풍성한 조반을 준비하네

함부로
말할 수 없는 인연들이 떠오르네

햇빛이 강한 날
조각보를 꿰매 가방을 짓고
당신의 운명도 나와 함께 지어보네

쉬운 일들 이제 쉽지 않고
날마다 하늘 보며
곱게 살다 가기를 소원하네

꽃이 이뻐 보이고
젊은 사람 한없이 곱고
무엇이든 할 것 같은 용기가 가라앉아

빛났던 시간도 있었지만
어쩌다 보니
누군가의 삶을 갉아먹고 있어

나이 듦이 성숙일까
병을 친구 삼아 가라하네
나의 자존감은 어디 숨었나

이별은 사랑처럼

그대가 떠난다니 기뻐요
우중충한 날에 구름으로 왔다가
가랑비 내리니 좋아해요

사랑보다 좋은 것은
좋은 이별이지요

아침에 일어나 물을 끓이고
밥하고 설거이 하는 기쁨
떠날 때도 즐겁게 보내요

건강하라는 말보다
아프지 말라는 말이
마음에 닿고
가는 사람의 애정이 느껴져요

갈 사람은 가겠지만
그대 떠나니 기뻐요
좋은사람 돼서 만나요

낡은 아파트 오층까지 오르기
힘들었지요
이제 어깨에 짐 내려놓아도 돼요

가고 싶으면 손짓해요
좋은 마음으로 웃어 줄게요

작아지는 하루

새치 염색하러 온 미용실

항아리에서 나오는 화장지
달덩이 같아서 꿈을 꾸게 한다

이루지못한 나의 꿈
나비 한 마리 찾아와 길 안내하니
세상이 꽃밭이야

커피를 마시며 꾸벅꾸벅 졸고 있을 때
청춘이란 글씨가 바람에 휘날리니
설렘이 꿈틀거려

예전 사진 속 나와 같아
예쁘고 날씬해 미소가 예쁜 최진실처럼
누구에게나 친절해

시원하게 물줄기를 맞고
거품으로 샴푸하니

가려운 곳 없이 개운해
마사지하면 대접받는 기분이 들어

등받이에 머리를 맡기고
눈을 감으면
새벽부터 쏟았던 땀이
헤어디자이너 손끝 따라
상큼한 나의 모습이
선명하게 그려져

비 오는 저녁
시간이 멈춘 듯 행복한 하루가 또 시작되기도 해

선물 같은 하루가

햇빛이
가랑비에 빛을 잃고 있다
소중한 것은 제일 나중에 나타나는 것처럼
하루 종일 선물이 오기를 기다린다

시계를 몇 번이고 쳐다보고
매일 문소리에 귀 기울이지만
기다림이 길어질수록 웃음이 멀어져간다

처음에 기다림은 기쁨이고 설렘이다
두 번째 기다림은 반가움과 아쉬움이다

나는 아침 일찍 몸단장하고 새로 산 신을 꺼내 신고
미소를 띠며 조심스레 걸어 다녔다

바람 소리에도 놀라고
기침 소리에도 뒤돌아보며

신경이 온통 내게 올 선물을 기다리는데

이미 선물을 받았다 한다

아침 일찍 선물을 받아서 넘치게 행복했으니
선물은 나에게 할 일을 다한 것이다

오늘 멋지게 살아 있는 것 대단해
하루하루가 선물인 것처럼

바람 불지 않는 날

햇살 곱게 피어난 봄
그대 생각나면
발걸음 절로 빨라지네

거울 속의 모습은
착시를 일으키고
맑은 얼굴에 웃음꽃이 피어나
이중적인 행복이 돋아나네

사랑은 언제나 옳은 것이라
생각하는 그대

해가 지기 전
저녁을 차려 놓고 기다리고 있네요
박대구이 된장찌개 소박한 밥상
식어도 단단해진 평안함에
미소 짓네요

가을이 오는 저녁에

독일에서, 괴테 흔적 보며 감동의 눈물을 흘리네

시와 문학을 사랑하던 소녀는 반백의 중년이 되어
살아있는 괴테를 만난 듯 생가를 천천히 둘러보네

오래된 집과 가구
쓰던 물건들 사진속에 담아

밤낮없이
행복했을 노부부여
그대 가는 곳마다 선선한 날씨라니

아침 읽기를 쓰고
감사함으로 살고
여리지만 강하고 맑은
반짝이는 여인이여

제4부
되돌아가기

우산 없이 거리를 걷다

가뭄에 단비가 가랑가랑 내리고
온종일 그리움이 쉼 없이
내리네요

저수지가 말라간다는 말에
가슴이 타들어 가고
물 배급하는 동네 생각에
생명수 같은 봄비가 반갑기만 해요

내리는 가랑비
몸이 젖어 마른 산천에
뿌려 주고 싶어요

오슬오슬 한기 들때
기쁘게 물방울 속으로
들어가고 싶네요

흐린 하늘 수수꽃다리 향기에 취하다

위로할 줄 모른다고
얼굴 보지 않고 말하네요

습도가 90퍼센트
후덥지근한 날씨

노란 우산을 쓰고 횡단보도 건너오기까지 쉽지 않았어요
가슴이 허해지고 마른 수수깡처럼 꺾이는 소리 나도 말 안 했어요

정오의 시간이 지나고
당신의 시계도 벨을 울리겠지요
한 번쯤 사랑하면 안 되나요?
마음에 충실해 사방에 빛나는 그대

끝이라 생각하지만
우중충한 날에도 별처럼 빛나는 세상이 보여요
숨지 말고 나오세요
용기는 어떤 향기보다 강해요

분홍 드레스 두 손으로 치켜들고 달려오세요
사랑하는 순간은 후회 없어요

기쁨을 감추지 못하네요

비 그리고 맑음

칠월의 장마를 뒤로하고
맑게 갠 하늘 보며
산 자와 죽은 자를 생각하네

감히 꺼내기 힘든 말
감사합니다
부끄럽게 말하면서
젖은 옷을 갈아입는 젊은이

살아남은 것이 미안한 게 아닌데
급박했던 상황을 원망하듯
자꾸 고개 숙이고 눈물을 흘리네

다릿심도 풀리고
흙탕물이 목을 조여올 때
구름이 둥둥 떠다니며
젊은이의 눈물 받아가네

TV에서는 산이 무너지고

뚝이 터지고 지하차도가 물에 잠기는데
물가 걱정하는 사람도 있네

햇빛이 쨍쨍한데
먹구름 걷히고
쌍무지개 내려다보며
위로할 말이 없다고 하네

빨랫줄에 이름을 널어놓았다

햇빛이 좋아 빨래했다
하늘 구름이 말동무하고
빨랫줄에 친구 엄마 사랑하는
이름을 널어놓았다

바람에 떨어지지 않게
바람길 열어 주고
비가 올까 살피면서

자연이 시키는 대로
오늘 할 일을 한다
밥을 먹고 글을 쓰고
지우고를 반복하며

나도 할 수 있는 일이 있기에
책을 읽고 초여름 냄새를 맡는다

의자에 앉아

비 오는 날
불 땐 아랫목이 그리워질 때
정류장 의자에 앉으면 딱 그 기분이 든다.

폭염 속
의자에 앉으면 찜질방에 있는
행복한 상상을 해

한기가 몰려와도
걱정 없이 의자에 앉아
버스를 기다리네

축복된 날이야.

꽃 한 송이와 노교수님

암 환자이시며
심장병 수술을 집도하신 노 교수님
아픈 건디고 수술하신 분이
겹쳐 보입니다

손녀를 앉고 찍은 사진
시집 구입하겠다고
은행에서 고생하신 일
모두 제 탓입니다

아홉 번 항암 치료받으러
병원 치료 가는 날
꽃 한 송이 놔달라는 말에
마음 찡했네요

밥 먹듯이 항암치료로 초주검
당해도 일어나셔서
카스에 글을 쓰시는 선생님

노인은 위대해요

내려 놓으니 강해지고 나의 감춰진 아픔도
삶을 기쁘게 할 수 있네요

암을 이기시고 완쾌되세요
아직 할 말이 남아 있으니
펜을 놓지 마세요

사랑하고 존경합니다

살얼음 꽃

집앞 계단에 미끄러지듯 핀 살얼음
서로 모르면서
잘안다고 착각하며 살고 있어

정지된 모든 것이
너가 아니듯
움직이는 것이 내가 아니야

빨간 불빛을 무서워하며
작은 동네에서 살고 있어

사진 찍어 그림 그리고 싶지만
하나님은 허락하지 않았어

침침한 눈으로
어둠속을 가고 있어
익숙한 곳이 나오면 안심하며
화려한 불빛이 아름다운
패션아이랜드

이응노 화백 그림이 걸려있고
선과 선에서 위로를 받아

집에 오는 길

어린이 공원 둥근 가로등에 하얀 불이 켜지고
어둠이 뒷짐지고 어슬렁거리며 오는 시간을 좋아한다

가로등이 켜지기 전
하늘과 가까운 어린이를 위해
제일 먼저 밝혀 주는 곳

파르스름한 하늘에 손이 베일 것 같아
차갑게 느껴지는 바람
흔들리지 않는 나무

채움을 바라지 않아도
비어 있는 만큼 채워진 공간

정신이 번쩍 들 정도 손 시리고
영하의 바람이 가고 있다

자전거 타는 사람
의자에 앉아 책을 읽는 사람

자동차를 타고 갈 준비하는 사람

두부공장에서 열심히 콩을 불려 삶고
자동차 불빛에 간간이 간을 맞추고
속 시원한 바람에 나뭇잎 흔들리고
따듯한 집에 가고 싶다

시절 인연

벚꽃 피면 봄이고
벚꽃 지면 여름이라네

사월에 목련이 피지 못하고
잎만 무성한 돌연변이로 변했네

방긋 터지는 매화꽃
나 태어나길 잘했다 싶어

사연 많아도 피고
사연 없어도 피는

선명하게 그려보는
하늘 아래 꽃동네

비에 젖어 풍성하게
빛깔 드러내는 우아한 자태
갖고 싶어도 갖지 못한 이유

빗줄기만큼
피멍 들어 맺힌 물방울

나의 어린나무
꼿꼿하게 서서 견디고 있네

천천히 살아가자

찬바람이 시원하게
나뭇잎 흔들며 오네

흔들리지도
뛰지도 말고
명상하며 걸어가면
부활하는 병아리처럼
하얗게 깨지는 파도를 보겠지

헐떡이며
숨 가쁘게 살아도
내려놓고 살기로 해

꽃처럼
바위처럼 살았어도
뿌리는 하나야

질주하는 자동차 불빛에
눈부셔 눈을 잠시 감듯

눈비가 와도
행복한 마음 한 그릇 담아 주자

구겨진 시간을 깨끗하게 펴고
허리에 힘도 넣어주며
씩씩하고 부드럽게 걸어오네

입구 말고 출구

공사장 앞을 지나면
입구 출구가 큰 글씨로 써 있다

공사현장은 철제 가림막이 있고
줄서는 트럭 택시는
바쁜 길 막는 것 같아

늘 앞에 있으면 들어가는 습관이 있지만
출구 찾기에 바쁜 공황장애

막힌 거 답답한 거 영화관도 앞에 앉고
지하철 내려가다 숨이 턱 막혀오면 중지

테미고개 지나는
택시가 움직이지 않아
중간에 내린 기억

꿈속 땀흘리며 출구 찾다 놀라 깬 일
작은 일 큰 일 가슴 철렁이게 하고

앞으로 전진을 막네

출구! 출구!
다닥다닥 붙어 있는 방

오 남매와 부모님 할머니 고모
아홉 식구가 몸비비며 살았던 곳

눈으로 보고 느끼고
내 집 가는 출구가 필요해

되돌아가기

해가 지날수록 돌아가란
말 바꾸는 것 쉽지 않아
봄바람이 부는데
가슴은 켜켜이 칼바람 맞고

계절은 눈으로 오는 것이 아니라
마음으로 오는 것 같아

폭설 내린 적 없지만
강원도 고립된 마을 그리워해

영화 속에 나오는
갈등의 클라이맥스가
삶과 죽음을 갈라놓지만

푸드덕 푸드덕 날아다니는
꿩 몇 마리
설산에 갇혀 버렸어

돌산이 있는 마을
순박한 사람들이 살고 있는
외딴 마을

눈 쌓인 나무들의 음성을
들은 적 있나
눈 속에 무릎을 꿇고 회개하라는 말

부끄럽다 말하지 마
눈물 흘리며 떠난 눈사람

희망 안고 돌아가길 바라

한여름 풍경

아카시아 나뭇잎 흔들리고
화원 백합 향기 퍼지자
홀린 듯 꽃 가게로 들어간다

성난 여름 뱀의 허물 벗듯
기어가는 날
눈에 익은 513번 버스가 스쳐 가고 있다

찐득거리는 더위
습한 기온이 수위를 넘나드는
유월의 수요일

몸을 비비 꼬고
꼼지락거리며 웃는 우슬초
닭발 함께 달여 푹 우려내
여름나기를 한다는데

비위 약한 나는
흥얼거린다
오늘 나도 허물 벗고 싶다

누구 엄마 아픈 사람 딱지를 떼고
단단하고 옹골지게 살고프다

순대국밥이 한국의 고향 맛이라 쓰여 있는 건물 빌딩
쉼 없이 돌아가는 풍향계
산뜻하게 돌고 도는데
꽃들에게 추파를 던진다.

이든시인선 145
다시 쓰는 시
ⓒ 김경림, 2024

발행일	2024년 9월 30일
지은이	김경림
발행인	이영옥
펴 낸 곳	도서출판 이든북
출판등록	제2001-000003호
주 소	대전광역시 동구 중앙로 193번길 73
전화번호	(042)222-2536	팩스(042)222-2530
전자우편	eden-book@daum.net
카 페	https://cafe.daum.net/eden-book
공 급 처	한국출판협동조합
	전화 (02)716-5616 (031)944-8234~6

ISBN 979-11-6701-301-9 (03810)
값 11,000원

* 이 책의 판권은 지은이와 이든북에 있습니다.
* 이 책 내용의 전부 또는 일부를 재사용하려면 반드시
  양측에 서면 동의를 받아야 합니다.

* 이 책은 2024년도 한국예술인복지재단 예술활동준비금 지원으로
  발간하였습니다.